BEI GRIN MACHT SICH IHR WISSEN BEZAHLT

AF136193

- Wir veröffentlichen Ihre Hausarbeit,
  Bachelor- und Masterarbeit

- Ihr eigenes eBook und Buch -
  weltweit in allen wichtigen Shops

- Verdienen Sie an jedem Verkauf

Jetzt bei www.GRIN.com hochladen
und kostenlos publizieren

Privacy-aware Klassifikation auf Datenströmen am Beispiel des DAHOT Algorithmus

GRIN ☺

Bibliografische Information der Deutschen Nationalbibliothek:

Die Deutsche Nationalbibliothek verzeichnet diese Publikation in der Deutschen Nationalbibliografie; detaillierte bibliografische Daten sind im Internet über http://dnb.d-nb.de abrufbar.

ISBN: 9783346793270
Dieses Buch ist auch als E-Book erhältlich.

Druck und Bindung: Books on Demand GmbH, Norderstedt Germany
Gedruckt auf säurefreiem Papier aus verantwortungsvollen Quellen

Das vorliegende Werk wurde sorgfältig erarbeitet. Dennoch übernehmen Autoren und Verlag für die Richtigkeit von Angaben, Hinweisen, Links und Ratschlägen sowie eventuelle Druckfehler keine Haftung.

Das Buch bei GRIN: https://www.grin.com/document/1313303

Universität Stuttgart

Institut für Parallele und Verteilte Systeme
Anwendersoftware

Privacy-aware Klassifikation auf Datenströmen am Beispiel des DAHOT Algorithmus

Hauptseminar

Advanced Topics in Data Management

Stuttgart, 30.07.2018

Privacy-aware Klassifikation auf Datenströmen am Beispiel des DAHOT Algorithmus

Zusammenfassung. Um das Risiko eines Patienten für eine bestimmte Krankheit einzuschätzen, kann ein Klassifikationsmodell verwendet werden, das aus den Daten anderer Patienten gebaut wurde. Wenn im Gesundheitswesen Patientendaten verarbeitet werden, ist es wichtig, dabei die Privacy der Patienten zu gewährleisten. In der Vergangenheit hat sich gezeigt, dass die Privacy der Patienten auch dann gefährdet sein kann, wenn die Trainingsdaten vor der Klassifikation anonymisiert wurden. Die meisten Methoden zur Gewährleistung der Privacy beziehen sich jedoch auf Daten in einer Datenbank und berücksichtigen die besonderen Anforderungen bei der Verarbeitung von Datenströmen nicht. Der DAHOT-Algorithmus ist eine Kombination aus Hoeffding-Baum, k-Anonymität und ℓ-Diversität und stellt die Privacy der Patienten bei der Klassifikation von Datenströmen sicher. In dieser Seminararbeit wird der DAHOT-Algorithmus und die dafür notwendigen Grundlagen vorgestellt. Außerdem wird auf die Effektivität und die Grenzen des DAHOT-Algorithmus eingegangen.

1 Einleitung

Unter Data Mining versteht man die Extraktion neuer, zuvor unbekannter Informationen oder Muster aus großen Datenmengen [9]. Eine mögliche Data-Mining-Technik ist die Klassifikation von Datensätzen. Im Bereich des Data Mining hat sich die Gewährleistung der Privacy zu einem wichtigen Anliegen entwickelt [1]. Unter Privacy versteht man dabei die Fähigkeit einer Person, selbst zu bestimmen, welche persönlichen Informationen sie preisgibt und gegenüber wem sie das tut [7]. Nach der Datenschutzgrundverordnung ist die Privacy einer Person dann sichergestellt, wenn die personenbezogenen Daten anonymisiert wurden und dadurch nicht mehr einer bestimmten Person zugeordnet werden können [4].

Unter Klassifikation versteht man die Voraussage einer Klasse für einen bisher unbekannten Datensatz [16]. Sie kann beispielsweise eingesetzt werden, um die Kreditwürdigkeit eines neuen Bankkunden vorauszusagen [3] oder das Risiko eines neuen Patienten für bestimmte Krankheiten einzuschätzen [13]. Liefert die Klassifikation genaue Ergebnisse, kann dies jedoch die Privacy der Bankkunden oder der Patienten gefährden. Veröffentlicht beispielsweise ein Krankenhaus Informationen über die behandelten Krankheiten und den Krankheitsverlauf der Patienten, können diese Informationen von außenstehenden genutzt werden, um die Krankheit eines bestimmten Patienten herauszufinden. Dies kann auch dann der Fall sein, wenn eindeutige Bezeichner wie Name oder Versichertennummer vor der Veröffentlichung gelöscht werden [19].

1

1997 veröffentlichte die Krankenversicherungsgesellschaft der staatlichen Angestellten im US-Bundesstaat Massachusetts medizinische Daten über ihre Versicherten, damit Forscher diese für wissenschaftliche Zwecke nutzen können. Um die Privacy der Angestellten sicherzustellen, wurden die Namen und die Sozialversicherungsnummern vor der Veröffentlichung entfernt. Andere Angaben wie Geburtsdatum, Postleitzahl oder Geschlecht blieben jedoch erhalten [14]. Latanya Sweeney [19] kombinierte die veröffentlichten Daten mit dem Wählerverzeichnis des Bundesstaats, in dem neben dem Name und der Adresse auch das Geburtsdatum, das Geschlecht und die Postleitzahl enthalten waren. Auf diese Weise konnte sie die Krankendaten des damaligen Gouverneurs eindeutig identifizieren. Sie fand außerdem heraus, dass 87 % der US-Bevölkerung anhand von Geburtsdatum, Geschlecht und Postleitzahl eindeutig identifiziert werden können.

Bei der Klassifikation reicht es nicht aus, die Privacy der Patienten nur in den Eingabedaten sicherzustellen [11]. Vielmehr muss auch die Privacy der Patienten auch im Klassifikationsergebnis gewährleistet sein. Das bedeutet, dass es nicht möglich sein darf, anhand des Klassifikationsergebnisses die Klasse einzelner Datensätze, die zur Klassifikation genutzt wurden, herauszufinden.

Viele Methoden zur Gewährleistung der Privacy der Patienten im Klassifikationsergebnis beziehen sich nur auf die Klassifikation von Daten in einer Datenbank [11]. Jedoch werden Sensor-, Telekommunikations- und Börsendaten als Datenströme bereitgestellt, wodurch diese Methoden nicht anwendbar sind. Kotecha und Garg [11] schlagen daher einen Algorithmus vor, der die Klassifikation von Datenströmen erlaubt und dabei die Privacy der Personen im Klassifikationsergebnis sicherstellt. Der Algorithmus ist eine Kombination aus Hoeffding-Baum, k-Anonymität und ℓ-Diversität.

Diese Seminararbeit befasst sich mit der Klassifikation von Datenströmen unter Beachtung der Privacy der Personen im Klassifikationsergebnis am Beispiel des DAHOT-Algorithmus. Dazu wird in Anschnitt 2.1 zunächst die Klassifikation mit Entscheidungsbäumen erklärt. Danach werden die Grundlagen der k-Anonymität und der ℓ-Diversität in Abschnitt 2.2 und 2.3 erläutert. Anschließend wird in Abschnitt 2.4 auf die besonderen Anforderungen für die Verarbeitung von Datenströmen eingegangen. In Abschnitt 2.5 wird der Hoeffding-Baum vorgestellt, der zur Klassifikation auf Datenströmen genutzt werden kann. Darauf folgt in Abschnitt 3 die Vorstellung des von Kotecha und Garg [11] vorgeschlagenen DAHOT-Algorithmus, der zur Klassifikation von Datenströmen dient und die Privacy der Personen im Klassifikationsergebnis gewährleistet. Zum Schluss folgt in Abschnitt 4 die Zusammenfassung und der Ausblick.

2 Grundlagen

Der DAHOT-Algorithmus ist ein Klassifikationsverfahren für Datenströme, das einen Hoeffding-Baum zur Klassifikation verwendet. Die Privacy der Personen, deren per-

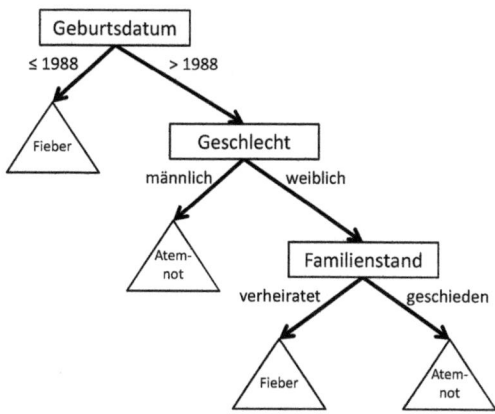

Abbildung 1. Entscheidungsbaum zur Klassifikation der Krankheit eines Patienten. Die Beschriftung der Blätter (Dreiecke) gibt die Krankheit des Patienten an

sönliche Informationen in dem Datenstrom enthalten sind, wird mithilfe von k-Anonymität und ℓ-Diversität gewährleistet.

In Abschnitt 2.1 wird zunächst erklärt, wie die Klassifikation mit Entscheidungsbäumen funktioniert. Um die Privacy der Personen, deren Daten zur Klassifikation verwendet werden, sicherzustellen, gibt es die in Abschnitt 2.2 vorgestellte k-Anonymität. Die ℓ-Diversität ist eine Verbesserung der k-Anonymität und wird in Abschnitt 2.3 vorgestellt.

Die zusätzlichen Anforderungen an das Klassifikationsverfahren, die notwendig sind, wenn das Klassifikationsverfahren auf Datenströmen arbeiten soll, werden in Abschnitt 2.4 behandelt. Der Hoeffding-Baum ist ein Entscheidungsbaum, mit dem Datenströme klassifiziert werden können und wird in Abschnitt 2.5 vorgestellt.

2.1 Klassifikation mit Entscheidungsbäumen

Unter Klassifikation versteht man das Vorhersagen einer Klasse für einen bisher unbekannten Datensatz [16]. Dazu wird zunächst ein Klassifikationsmodell so trainiert, dass es die Klassen der vorhandenen Datensätzen möglichst gut vorhersagt. Dieses Modell wird anschließend verwendet, um die Klasse des bisher unbekannten Datensatzes vorherzusagen. Bekannte Klassifikationsverfahren sind Entscheidungsbäume, Bayes-Klassifikatoren und Neuronale Netze [16].

Abbildung 1 zeigt ein Beispiel für einen Entscheidungsbaum, der dazu genutzt werden kann, die Krankheit eines Patienten vorherzusagen. Jeder innere Knoten formulierte eine Bedingung für ein Attribut. Um vorauszusagen, an welcher Krankheit ein neuer Patient leidet, folgt man von der Wurzel aus derjenigen Kante, deren Beschriftung für das jeweilige Attribut des neuen Patienten zutrifft. Dieses Vorgehen

Tabelle 1. Ausschnitt der Patientendatenbank eines Krankenhauses [17]. Die letzte Spalte (Krankheit) enthält die Klasse, der der Datensatz zugeordnet ist

Nr.	Geburtsdatum	Geschlecht	PLZ	Familienstand	Krankheit
1	12.03.1999	männlich	02172	geschieden	Atemnot
2	14.07.1996	männlich	02185	geschieden	Atemnot
3	09.12.1983	männlich	02172	geschieden	Fieber
4	17.01.1980	weiblich	02185	verheiratet	Fieber
5	25.04.1989	männlich	02161	geschieden	Atemnot
6	15.03.1971	weiblich	02140	geschieden	Fieber
7	18.08.1992	weiblich	02199	verheiratet	Fieber
8	28.11.1991	weiblich	02105	geschieden	Atemnot
9	24.05.1964	männlich	02100	verheiratet	Fieber
10	30.11.1955	männlich	02168	verheiratet	Fieber

wiederholt man, bis man an einem Blattknoten angekommen ist. Die Blätter sind mit den jeweiligen Klassen beschriftet, die sich gemäß dem Pfad von der Wurzel zu dem Blatt ergeben [16].

Für eine 1993 geborene und geschiedene Patientin würde der Entscheidungsbaum voraussagen, dass die Patientin an Atemnot leidet. Dazu betrachtet man zunächst das *Geburtsdatum* der Patientin. Da die Patientin nach 1988 geboren wurde, geht man zu dem rechten Kindknoten. Dort wird das *Geschlecht* geprüft. Da die Patientin weiblich ist, folgt man anschließend der rechten Kante zum Knoten *Familienstand*. Da die Patientin geschieden ist, folgt man hier wieder der rechten Kante und endet schließlich in einem Blatt mit der Beschriftung *Atemnot*.

Um einen Entscheidungsbaum aufzubauen, werden zunächst Trainingsdaten benötigt. Tabelle 1 zeigt einen Ausschnitt der Patientendatenbank eines Krankenhauses. Darin ist für jeden Patienten dessen Geburtsdatum, Geschlecht, Postzeitzahl und Familienstand verzeichnet. Außerdem steht in der letzten Spalte, an welcher Krankheit der Patient leidet. Die letzte Spalte entspricht dabei der Klasse, der der Patient zugeordnet wird.

Um nun den Entscheidungsbaum aufzubauen, muss zunächst das Attribut gefunden werden, anhand dessen sich die Datensätze am besten klassifizieren lassen. Zur Bestimmung des besten Attributs kann die Entropie verwendet werden. Die Entropie beschreibt den Informationsgehalt der Datensätze. Sie ist umso geringer, je reiner die Daten sind. Sind alle Datensätze in derselben Klasse, sind die Daten rein und die Entropie ist 0. Ist die eine Hälfte der Datensätze in der Klasse *Atemnot* und die andere Hälfte in der Klasse *Fieber*, sind die Daten unrein und die Entropie ist 1. Die Entropie wird nach folgender Formel berechnet [18]:

$$H = -p_{Atemnot} \, log_2(p_{Atemnot}) - p_{Fieber} \, log_2(p_{Fieber}) \tag{1}$$

$p_{Atemnot}$ steht dabei für den Anteil der Datensätze, die in der Klasse *Atemnot* liegen und p_{Fieber} für den Anteil der Datensätze, die in der Klasse *Fieber* liegen.

4

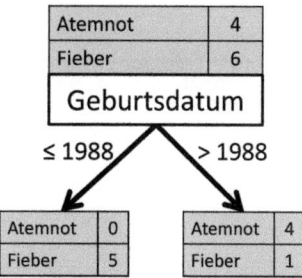

Atemnot	4
Fieber	6

Geburtsdatum

≤ 1988   > 1988

Atemnot	0
Fieber	5

Atemnot	4
Fieber	1

Abbildung 2. Verteilung der Klassenzugehörigkeiten der Patientendaten. Die Tabelle an dem Elternknoten gibt an, wie viele Datensätze den Klassen *Atemnot* bzw. *Fieber* zugeordnet sind, wenn der Knoten nicht gesplittet wird. Die Tabellen an den beiden Blättern geben an, viele Datensätze den Klassen *Atemnot* bzw. *Fieber* zugeordnet sind, wenn der Knoten gesplittet wird

Um den Informationsgewinn zu abzuschätzen, der sich ergibt, wenn die Datensätze anhand des Attributs a aufgesplittet werden, zieht man die Entropien der Kindknoten von der Entropie des Elternknotens ab. Die Entropien der Kindknoten werden dabei nach dem Anteil der Datensätze gewichtet, der sich in dem jeweiligen Kindknoten befindet. Somit kann der Informationsgewinn nach folgender Formel abgeschätzt werden [20]:

$$I(a) = H_{Elternknoten} - \frac{n_{links}}{n} \times H_{links} - \frac{n_{rechts}}{n} \times H_{rechts} \qquad (2)$$

$H_{Elternknoten}$ bezeichnet hierbei die Entropie der Datensätze im Elternknoten. H_{links} und H_{rechts} bezeichnen die Entropien im linken und rechten Kindknoten. n_{links} und n_{rechts} stehen für die Anzahl der Datensätze im linken und rechten Kindknoten. n ist die Anzahl der Datensätze insgesamt.

Abbildung 2 zeigt die Verteilung der Klassenzugehörigkeiten der Datensätze aus Tabelle 1, wenn die Datensätze anhand des Attributs *Geburtsdatum* auf die Kindknoten verteilt werden. Dabei wird angenommen, dass alle Datensätze, deren Geburtsdatum vor 1988 liegt, in den linken Kindknoten verschoben werden und alle anderen Datensätze in den rechten Kindknoten. Die Entropien berechnen sich wie folgt:

$$H_{Elternknoten} = -\frac{4}{10} \log_2\left(\frac{4}{10}\right) - \frac{6}{10} \log_2\left(\frac{6}{10}\right) = 0,971$$

$$H_{links} = -\frac{0}{5} \log_2\left(\frac{0}{5}\right) - \frac{5}{5} \log_2\left(\frac{5}{5}\right) = 0,000 \qquad (3)$$

$$H_{rechts} = -\frac{4}{5} \log_2\left(\frac{4}{5}\right) - \frac{1}{5} \log_2\left(\frac{1}{5}\right) = 0,722$$

Daraus ergibt sich ein Informationsgewinn von

$$I(Geburtsjahr \leq 1988) = 0,971 - \frac{5}{10} \times 0,000 - \frac{5}{10} \times 0,722 = 0,610 . \qquad (4)$$

Der Informationsgewinn wird für alle Attribute berechnet. Anschließend werden die Datensätze anhand des Attributs auf die Kindknoten verteilt, das den höchsten Informationsgewinn bietet. Für die Kindknoten wird das Vorgehen rekursiv fortge-

Tabelle 2. Nicht anonymisierte Patientendatenbank [17]. Der Identifikator ist grün, die Quasi-Identifikatoren blau und das sensible Attribut rot hinterlegt

Name	Geburtsdatum	Geschlecht	PLZ	Familienstand	Krankheit
Alice	27.09.1984	weiblich	02177	verheiratet	Bluthochdruck
Bob	30.09.1984	männlich	02179	verheiratet	Windpocken
Clara	13.09.1984	weiblich	02141	verheiratet	Atemnot
Dieter	07.09.1984	männlich	02141	verheiratet	Atemnot
Emil	15.04.1973	männlich	02139	geschieden	Brustschmerzen
Frieda	15.04.1973	weiblich	02137	geschieden	Fieber
Gerd	13.03.1973	männlich	02138	geschieden	Bluthochdruck
Herbert	18.03.1973	männlich	02138	ledig	Fieber
Ingo	14.05.1971	männlich	02138	ledig	Brustschmerzen
Josef	08.11.1971	männlich	02121	ledig	Bluthochdruck

setzt. Das Prozedere endet, wenn in allen Kindknoten alle Datensätze zur gleichen Klasse gehören oder wenn ein anderes Abbruchkriterium erfüllt ist [16].

Beim Aufbau des Entscheidungsbaums kann das Problem der Überanpassung auftreten. In diesem Fall passt sich der Baum zu stark an die Trainingsdaten an. Dadurch liefert der Entscheidungsbaum zwar gute Ergebnisse für die Trainingsdaten, ist aber für die Klassifikation von bisher unbekannten Datensätzen zu komplex und liefert daher keine guten Ergebnisse. Um eine Überanpassung zu vermeiden, wird das Aufbauen des Entscheidungsbaums an einem bestimmten Punkt abgebrochen, auch wenn noch nicht alle Datensätze in einem Knoten zur gleichen Klasse gehören. Dadurch wird der Baum weniger hoch und somit weniger komplex. Als Abbruchkriterium kann beispielsweise eine maximale Baumhöhe oder ein Grenzwert für den Informationsgewinn festgelegt werden [16].

2.2 k-Anonymität

Zur wissenschaftlichen Bewertung des Nutzens bestimmter Therapien veröffentlichen Krankenhäuser Patentendaten. Da es sich dabei auch um personenbezogene Daten handelt, ist es notwendig, diese zu anonymisieren [4]. Dabei ist besonders wichtig, dass kein Rückschluss auf die Krankheit eines bestimmten Patienten gezogen werden kann.

Um dieses Ziel zu erreichen, haben Sweeney und Samarati [17] das Prinzip der k-Anonymität vorgeschlagen. Dabei werden die Attribute in die Kategorien Identifikator, Quasi-Identifikator und sensibles Attribut eingeteilt. Identifikatoren sind Attribute, die einen Datensatz eindeutig identifizieren, wie beispielsweise Name, Personalnummer oder Krankenversichertennummer. Ein Quasi-Identifikator alleine kann eine Person nicht identifizieren. Jedoch kann eine Person anhand der Kombination mehrerer Quasi-Identifikatoren wie Geburtsdatum, Postleitzahl oder Geschlecht in vielen Fällen eindeutig identifiziert werden [19]. Das sensible Attribut enthält persönliche

Tabelle 3. Anonymisierte Patientendatenbank mit 2-Anonymität. Die Äquivalenzklasse ist weiß, die Quasi-Identifikatoren blau und das sensible Attribut rot hinterlegt

Klasse	Geburtsdatum	Geschlecht	PLZ	Familienstand	Krankheit
1	**.09.1984	*	0217*	verheiratet	Bluthochdruck
	**.09.1984	*	0217*	verheiratet	Windpocken
2	**.09.1984	*	02141	verheiratet	Atemnot
	**.09.1984	*	02141	verheiratet	Atemnot
3	15.04.1973	*	0213*	geschieden	Brustschmerzen
	15.04.1973	*	0213*	geschieden	Fieber
4	**.03.1973	männlich	02138	*	Bluthochdruck
	**.03.1973	männlich	02138	*	Fieber
5	**.**.1971	männlich	021**	ledig	Brustschmerzen
	..1971	männlich	021**	ledig	Bluthochdruck

Informationen, die auf keinen Fall einer konkreten Person zugeordnet werden dürfen, wie beispielsweise die Krankheit, an der eine bestimmte Person leidet.

Tabelle 2 zeigt einen weiteren Ausschnitt der bereits in Abschnitt 2.1 verwendeten Patientendatenbank. Der Name des Patienten dient als Identifikator (grün hinterlegt) und identifiziert einen Patienten eindeutig. Um die Daten zu anonymisieren, muss der Name deshalb entfernt werden. Die Krankheit des Patienten ist das sensible Attribut (rot hinterlegt), das für die Auswertung der veröffentlichten Daten wichtig ist und daher erhalten bleiben muss. Die blau hinterlegten Attribute sind Quasi-Identifikatoren. Ein einzelner Quasi-Identifikator reicht noch nicht aus, um einen Patienten eindeutig zu identifizieren. So haben in dem Beispiel in Tabelle 2 Emil und Frieda am gleichen Tag Geburtstag. Kombiniert man jedoch die Quasi-Identifikatoren miteinander, ist es möglich, Patienten eindeutig zu identifizieren. In dem Beispiel in Tabelle 2 kann die Kombination aus Geburtsdatum, Geschlecht, Postleitzahl und Familienstand eindeutig einem Patienten zugeordnet werden.

Das Prinzip der k-Anonymität [17] verlangt, dass es zu jedem Datensatz mindestens (k-1) andere Datensätze mit den gleichen Quasi-Identifikatoren gibt. Dazu werden Äquivalenzklassen aus jeweils mindestens k Datensätzen gebildet, die die gleichen Werte für die Quasi-Identifikatoren haben. Um das zu erreichen, werden die Attributwerte generalisiert und unterdrückt. Je größer der Parameter k gewählt wird, desto stärker werden die Daten anonymisiert. Da jedoch in diesem Fall auch mehr Informationen entfernt werden, sinkt der Nutzen, der aus den anonymisierten Daten gewonnen werden kann.

Generalisierung kann dann eingesetzt werden, wenn sich ein Attribut anhand einer Hierarchie verallgemeinern lässt. So kann wie in Tabelle 3 das Geburtsdatum von der Tagesebene zunächst auf die Monatsebene und anschließend auf die Jahresebene verallgemeinert werden. Die Postleitzahl kann generalisiert werden, indem man die letzten Ziffern durch einen Platzhalter ersetzt. Je stärker ein Attribut generalisiert wird, desto mehr Werte kann es annehmen und desto weniger eignet es sich, eine bestimmte Person zu identifizieren.

Die Unterdrückung der Werte ist dann sinnvoll, wenn ein Attribut nur wenige diskrete Werte annehmen kann und es keine sinnvolle Hierarchie zwischen den Attributwerten gibt. In Tabelle 3 ist dies für Geschlecht und Familienstand der Fall. In diesen Spalten wird der ursprüngliche Attributwert durch einen Platzhalter ersetzt. Durch die Generalisierung und Unterdrückung der Werte nimmt der Wahrheitsgehalt nicht ab, da keine falschen Daten eingefügt werden. Alternativ wäre es auch möglich, ein zufälliges Rauschen hinzuzufügen, um die Daten zu anonymisieren.

Das Erstellen einer k-anonymisierten Version der Daten ist ein NP-schweres Problem [15]. Jedoch gibt es Approximationsalgorithmen mit einer Approximationsgarantie von $O(\ln(k))$ [10]. Das bedeutet, dass das Ergebnis des Approximationsalgorithmus im ungünstigsten Fall um $O(\ln(k))$ schlechter ist, wie das optimale Ergebnis.

2.3 ℓ-Diversität

Das Prinzip der k-Anonymität hat einige Schwächen, die von Machanavajjhala et al. beschrieben wurden und die in bestimmten Fällen eine eindeutige Identifizierung einer Person anhand der Quasi-Identifikatoren zulassen [12].

Eine Schwäche ist die Anfälligkeit gegen einen Homogenitätsangriff [12]. Ist bekannt, dass in den anonymisierten Patientendaten in Tabelle 3 ein Datensatz über eine bestimmte Person gespeichert ist, kann dieses Wissen in einigen Fällen ausgenutzt werden, um die Krankheit diese Person herauszufinden. Ist über eine Person beispielsweise bekannt, dass sie im September 1984 geboren wurde und im Postleitzahlbereich 02141 wohnt, kann man daraus schließen, dass der Datensatz dieser Person in Äquivalenzklasse 2 liegt. Da in Tabelle 3 alle Personen in Äquivalenzklasse 2 unter Atemnot leiden, muss dies die Krankheit der gesuchten Person sein.

Um abzuschätzen, wie viele Personen von einem Homogenitätsangriff betroffen sein können, stellen Machanavajjhala et al. [12] folgende Überschlagsrechnung an: Wenn eine Datenbank mit 60.000 Datensätzen mittels 5-Anonymität anonymisiert wird, ergeben sich 12.000 Äquivalenzklassen. Kann das sensible Attribut 3 verschiedene Werte annehmen, werden in jeder 81. Äquivalenzklasse alle Datensätze den gleichen Wert für das sensible Attribut annehmen. Bei 12.000 Äquivalenzklassen sind also 148 Äquivalenzklassen anfällig für einen Homogenitätsangriff. Da jede Äquivalenzklasse mindestens 5 Datensätze enthält, können so die sensiblen Attribute von 740 Personen eindeutig anhand der Quasi-Identifikatoren ermittelt werden.

Neben dem Homogenitätsangriff kann vorhandenes Hintergrundwissen über eine Person ausgenutzt werden, um mit hoher Wahrscheinlichkeit das sensible Attribut einer Person anhand der Quasi-Identifikatoren zu ermitteln [12]. Ist beispielsweise bekannt, dass in den anonymisierten Patientendaten in Tabelle 3 ein Datensatz über eine bestimmte Person gespeichert ist und dass diese Person im September 1984 geboren wurde und im Postleitzahlbereich 0217* wohnt, kann man mit beim Homogenitätsangriff schließen, dass der Datensatz dieser Person in Äquivalenzklasse 1 liegt. Ist nun auch bekannt, dass die gesuchte Person in ihrer Kindheit bereits Windpocken hatte, kann man mit hoher Wahrscheinlichkeit ausschließen, dass die Person nochmal an Windpocken erkrankt ist, da eine frühere Windpockenerkrankung zu einer lebenslangen Immunität führt. Da eine Windpockenerkrankung somit ausgeschlossen ist, muss die gesuchte Person an Bluthochdruck leiden.

Tabelle 4. Anonymisierte Patientendatenbank mit 3-Diversität. Die Äquivalenzklasse ist weiß, die Quasi-Identifikatoren blau und das sensible Attribut rot hinterlegt

Klasse	Geburtsdatum	Geschlecht	PLZ	Familienstand	Krankheit
1	**.09.1984	*	021**	verheiratet	Bluthochdruck
	**.09.1984	*	021**	verheiratet	Windpocken
	**.09.1984	*	021**	verheiratet	Atemnot
	**.09.1984	*	021**	verheiratet	Atemnot
2	**.**.1973	*	0213*	geschieden	Brustschmerzen
	..1973	*	0213*	geschieden	Fieber
	..1973	*	0213*	geschieden	Bluthochdruck
3	**.**.197*	männlich	021**	ledig	Fieber
	..197*	männlich	021**	ledig	Brustschmerzen
	..197*	männlich	021**	ledig	Bluthochdruck

Um die genannten Schwächen des Prinzips der k-Anonymität zu überwinden, schlagen Machanavajjhala et al. [12] das Prinzip der ℓ-Diversität vor. Das Prinzip der ℓ-Diversität verlangt, dass die Werte des sensiblen Attributs in jeder Äquivalenzklasse *gut repräsentiert* sind. Machanavajjhala et al. [12] nennen verschiedene Definitionen für *gut repräsentiert*. In dieser Seminararbeit sind die Werte des sensiblen Attributs dann *gut repräsentiert*, wenn die sensiblen Attribute innerhalb einer Äquivalenzklasse mindestens ℓ verschiedene Ausprägungen aufweisen.

Tabelle 4 enthält die gemäß der 3-Diversität anonymisierten Patientendaten. In jeder Äquivalenzklasse nimmt das sensible Attribut mindestens 3 unterschiedliche Werte an. Der vorhin beschriebene Homogenitätsangriff ist so nicht mehr möglich, da sichergestellt ist, dass in keiner Äquivalenzklasse alle Datensätze den gleichen Wert für das sensible Attribut aufweisen. Auch das Ausnutzen von Hintergrundwissen wird erschwert. Ist aufgrund der Quasi-Identifikatoren bekannt, dass eine Person in Äquivalenzklasse 1 fällt und schon früher Windpocken hatte, kommen immer noch Bluthochdruck oder Atemnot in Betracht.

2.4 Datenströme

Unter einem Datenstrom versteht man einen kontinuierlichen Fluss von Datensätzen, dessen Ende im Voraus nicht bekannt ist. Im Gegensatz zu Daten in einer Datenbank erfolgt die Verarbeitung der Datensätze dann, wenn die Datensätze eintreffen und nicht dann, wenn das System die Datensätze abruft. Das bedeutet insbesondere auch, dass das verarbeitende System keinen Einfluss auf die Reihenfolge und den Zeitpunkt des Eintreffens der Datensätze hat. Da der Datenstrom potentiell unendlich lang ist, ist es nicht möglich, die eingetroffenen Datensätze zu speichern und später noch einmal zu betrachten. Stattdessen müssen die Datensätze sofort nach dem Eintreffen verarbeitet werden. Es ist jedoch möglich, eine begrenzte Teilmenge der ankommenden Datensätze zu speichern [2].

9

Werden Datenströme für das Training eines Klassifikationsmodells genutzt, ergeben sich aufgrund der genannten Eigenschaften von Datenströmen bestimmte Anforderungen an das verwendete Klassifikationsverfahren. Domingos und Hulten [6] nennen folgende Anforderungen an ein Klassifikationsverfahren, das mithilfe eines Datenstroms trainiert wird:

1. Es darf nur wenig Zeit zur Verarbeitung eines Datensatzes benötigt werden. Da kontinuierlich weitere Datensätze ankommen, würde ein zu langsames Verarbeiten der Datensätze sonst dazu führen, dass ab einem bestimmten Zeitpunkt keine neuen Datensätze mehr verarbeitet werden können. Insbesondere muss die Verarbeitungszeit eines Datensatzes unabhängig von der Anzahl der bereits zuvor verarbeiteten Datensätzen sein, da die Verarbeitung sonst mit jedem weiteren Datensatz langsamer wird.

2. Unabhängig von der Anzahl der bereits verarbeiteten Datensätzen darf nur begrenzt viel Hauptspeicher benötigt werden. Das bedeutet insbesondere, dass es nicht möglich ist, alle bereits empfangenen Datensätze im Hauptspeicher für die spätere Verarbeitung zwischenzuspeichern.

3. Da es nicht möglich ist, alle angekommenen Datensätze zwischenzuspeichern und anschließend zu verarbeiten, muss es möglich sein, ein Klassifikationsmodell so zu erstellen, dass jeder Datensatz nur ein einziges Mal betrachtet wird.

4. Es muss zu jeder Zeit ein Klassifikationsmodell verfügbar sein. Das Erstellen des Klassifikationsmodells erst am Ende des Datenstroms ist nicht möglich, da Datenströme potentiell unendlich lang sein können.

5. Das aus einem Datenstrom unter den zuvor genannten Einschränkungen erzeugte Modell sollte einem Modell, das mit Daten aus einer Datenbank erzeugt wurde, möglichst ähnlich sein.

6. Wenn sich die Charakteristik der ankommenden Daten ändert, sollte das Klassifikationsverfahren dies berücksichtigen. Dabei sollen sowohl die in der Vergangenheit erkannten Muster, als auch die veränderten Muster im Modell berücksichtigt werden.

Aufgrund der genannten Anforderungen kommen klassische Klassifikationsverfahren wie CART oder ID3 für das Training des Klassifikationsmodells nicht infrage. Stattdessen wird oft der im nächsten Abschnitt vorgestellte Hoeffding-Baum verwendet [11].

2.5 Hoeffding-Baum

Ein Hoeffding-Baum ist ein Entscheidungsbaum, der inkrementell aus einem Datenstrom aufgebaut wird. Das Konzept des Hoeffding-Baums wurde von Domingos und Hulten [5] unter dem Namen *Very Fast Decision Tree (VFDT)* vorgeschlagen. Dabei wird jeder Datensatz nur ein einziges Mal betrachtet. Die Qualität des entstehenden Entscheidungsbaums ist ähnlich gut, wie die von Entscheidungsbäumen, die anhand von Daten aus einer Datenbank aufgebaut wurden [5].

Bei einem Hoeffding-Baum geht man davon aus, dass eine bestimmte Anzahl an Datensätzen ausreicht, um das Attribut für einen Knoten zu bestimmen, anhand des-

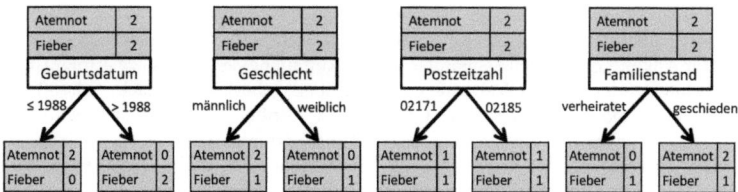

Atemnot	2		Atemnot	2		Atemnot	2		Atemnot	2
Fieber	2		Fieber	2		Fieber	2		Fieber	2
Geburtsdatum			Geschlecht			Postzeitzahl			Familienstand	

≤ 1988 / > 1988   männlich / weiblich   02171 / 02185   verheiratet / geschieden

Atemnot	2	Atemnot	0	Atemnot	2	Atemnot	0	Atemnot	1	Atemnot	1	Atemnot	0	Atemnot	2
Fieber	0	Fieber	2	Fieber	1	Fieber	1	Fieber	1	Fieber	1	Fieber	1	Fieber	1

Abbildung 3. Verteilung der Klassenzugehörigkeiten nach Ankunft der ersten vier Datensätze für die vier möglichen Split-Attribute *Geburtsdatum, Geschlecht, Postzeitzahl* und *Familienstand.* Die Tabelle an den Elternknoten gibt an, wie viele Datensätze den Klassen *Atemnot* bzw. *Fieber* zugeordnet sind, wenn der Knoten nicht gesplittet wird. Die Tabellen an den Blättern geben an, wie viele Datensätze den Klassen *Atemnot* bzw. *Fieber* zugeordnet sind, wenn der Knoten nach dem entsprechenden Attribut gesplittet wird

sen die Daten auf die Kindknoten aufgeteilt werden. Das bedeutet, dass die zuerst ankommenden Datensätze das Split-Attribut für den Wurzelknoten bestimmen. Die danach ankommenden Datensätze bestimmen die Split-Attribute der Knoten auf den nächsten Baumebenen. Neu ankommende Datensätze werden dabei gemäß dem schon vorhandenen Baum in die passenden Blätter einsortiert. Sind in einem Blatt genug Datensätze vorhanden, um das Attribut für die Aufteilung zu bestimmen, werden dem Blattknoten Kindknoten hinzugefügt und die Datensätze des alten Blattknotens gemäß dem gefundenen Attribut auf die Kindknoten aufgeteilt [5].

Die Anzahl der notwendigen Datensätze wird dabei durch die Hoeffding-Schranke bestimmt [8]. Zur Berechnung der Hoeffding-Schranke wird zunächst eine Zufallsvariable X mit einem Wertebereich der Größe W definiert. Der Mittelwert von X sei bei einer Stichprobe von n Beobachtungen m. Dann ist der Erwartungswert von X mit einer Wahrscheinlichkeit von (1-d) größer als (m-e). Dabei gilt

$$e = \sqrt{\frac{W^2 \, ln\left(\frac{1}{d}\right)}{2\,n}} \, . \tag{5}$$

Die Größe des Wertebereichs W, die Anzahl der Datensätze n und der Mittelwert m sind bekannt bzw. einfach zu berechnen. Auch der zulässige Fehler e kann gemäß Formel 5 einfach berechnet werden, wenn man den Parameter d kennt. Der Parameter d wird manuell festgelegt und gibt die Wahrscheinlichkeit an, dass der Erwartungswert von X nicht größer als (m-e) ist.

In einem Hoeffding-Baum wird ein Blattknoten immer dann anhand des Attributs mit dem höchsten Informationsgewinn gesplittet, wenn der Informationsgewinn dieses Attributs mindestens um e größer ist, wie der Informationsgewinn des zweitbesten Attributs. Durch dieses Verfahren ist das gewählte Attribut mit einer Wahrscheinlichkeit von (1-d) wirklich das optimale Attribut, um den Blattknoten aufzuteilen [5].

Das folgende Beispiel soll den inkrementellen Aufbau des Hoeffding-Baum veranschaulichen. Es wird davon ausgegangen, dass die Datensätze aus Tabelle 1 in einem Datenstrom nacheinander ankommen und verarbeitet werden. Nach jedem ankommenden Datensatz werden die Entropien und der Informationsgewinn für die vier Attribute *Geburtsdatum, Geschlecht, Postzeitzahl* und *Familienstand* berechnet. Zur Vereinfachung wird davon ausgegangen, dass ein Datensatz bei der Aufteilung nach

11

dem Attribut *Geburtsdatum* in den linken Kindknoten verschoben wird, wenn das Geburtsdatum des Datensatzes vor 1988 liegt. Zudem wird davon ausgegangen, dass bis zur Ankunft des vierten Datensatzes keine Aufteilung der Datensätze erfolgt ist.

Abbildung 3 zeigt die Verteilung der Klassenzugehörigkeiten nach Ankunft der ersten vier Datensätze aus Tabelle 1 für die vier Attribute, anhand gesplittet werden könnte. Für jedes der vier Attribute werden die Entropien und der Informationsgewinn nach Formel 1 und 2 berechnet. Für das Attribut *Geburtsdatum* ergeben sich die folgenden Entropien und der folgende Informationsgewinn:

$$H_{Elternknoten} = -\frac{2}{4} \, log_2 \left(\frac{2}{4}\right) - \frac{2}{4} \, log_2 \left(\frac{2}{4}\right) = 1{,}000$$

$$H_{links} = -\frac{2}{2} \, log_2 \left(\frac{2}{2}\right) - \frac{0}{2} \, log_2 \left(\frac{0}{2}\right) = 0{,}000$$

$$H_{rechts} = -\frac{0}{2} \, log_2 \left(\frac{0}{2}\right) - \frac{2}{2} \, log_2 \left(\frac{2}{2}\right) = 0{,}000$$

(6)

$$I(Geburtsdatum \leq 1988) = 1{,}000 - \frac{2}{4} \times 0{,}000 - \frac{2}{4} \times 0{,}000 = 1{,}000$$

Für die anderen Attribute berechnet sich der Informationsgewinn auf die gleiche Weise. Für das Attribut *Geschlecht* ergibt sich ein Informationsgewinn von 0,311, für *Postzeitzahl* 0,000 und für *Familienstand* 0,311.

Der Informationsgewinn ist für das Attribut *Geburtsdatum* am größten. Falls der Konten gesplittet wird, sollte dies also nach dem Attribut *Geburtsdatum* erfolgen. Ob der Knoten jedoch überhaupt gesplittet wird, hängt von der Hoeffding-Schranke ab. Dazu wird zunächst der zulässige Fehler nach Formel 5 berechnet. Der Wertebereich des Informationsgewinns liegt zwischen 0 und 1. Die Größe des Wertebereiches W ist also 1. Der Parameter d wird auf 0,05 festgelegt. Da 4 Datensätze vorliegen, ist n=4. Der zulässige Fehler ist somit

$$e = \sqrt{\frac{W^2 \, ln\left(\frac{1}{d}\right)}{2\,n}} = \sqrt{\frac{1^2 \, ln\left(\frac{1}{0{,}05}\right)}{2 \times 4}} = 0{,}612 \; .$$

(7)

Die Differenz des Informationsgewinns zwischen dem besten Attribut *Geburtsdatum* und dem zweitbesten Attribut *Geschlecht* bzw. *Familienstand* ist

$$1{,}000 - 0{,}311 = 0{,}689 \; .$$

(8)

Da die Differenz der Informationsgewinne größer als der zulässige Fehler ist, wird der Knoten anhand des besten Attributs *Geburtsdatum* gesplittet. Mit der Ankunft des fünften Datensatzes wiederholt sich das gesamte Prozedere, bis keine Datensätze mehr ankommen. Nach der Ankunft des zehnten Datensatzes erhält man den gleichen Entscheidungsbaum, wie in Abbildung 1.

3 DAHOT-Algorithmus

Der DAHOT-Algorithmus (*Diverse and Anonymized HOeffding Tree*) wurde von Kotecha und Garg [11] vorgeschlagen. Dabei wird ein Hoeffding-Baum zur Klassifikation von Datenströmen mit dem Konzept der k-Anonymität und der ℓ-Diversität kombiniert. In Abschnitt 3.1 wird zunächst auf die Grundidee des Algorithmus eingegangen. Anschließend wird in Abschnitt 3.2 der Algorithmus im Detail erklärt und in Abschnitt 3.3 an einem Beispiel veranschaulicht. Am Ende werden in Abschnitt 3.4 die Evaluationsergebnisse von Kotecha und Garg [11] kurz erläutert und in Abschnitt 3.5 die Grenzen des DAHOT-Algorithmus aufgezeigt.

3.1 Grundidee

Das Ziel des DAHOT-Algorithmus ist es, einen Datenstrom zu klassifizieren und dabei die Privacy der Personen, deren Daten verarbeitet werden, in der Ausgabe sicherzustellen. Dazu nutzt er den in Abschnitt 2.5 vorgestellten Hoeffding-Baum als Klassifikationsverfahren. Die k-Anonymität und ℓ-Diversität aus Abschnitt 2.2 und 2.3 wird genutzt, um die Privacy der Personen in der Ausgabe zu gewährleisten. Kotecha und Garg [11] nehmen dabei an, das der anfängliche Teil des Datenstroms ausschließlich Datensätze mit Klassenzuordnung enthält. Der zweite Teil des Datenstroms enthält dagegen eine zufällige Verteilung von Datensätze mit und ohne Klassenzuordnung.

Der DAHOT-Algorithmus baut aus den ankommenden Datensätzen des Datenstroms zunächst einen Hoeffding-Baum auf. Immer dann, wenn der Hoeffding-Baum zur Klassifikation genutzt werden soll, wird er anonymisiert. Dazu wird die Anzahl der Datensätze in den Blättern gezählt. Wenn das Blatt die k-Anonymität oder die ℓ-Diversität verletzt, wird der betroffene Ast abgeschnitten und die Datensätze wandern in den Elternknoten [11].

Dabei werden die Daten des Datenstroms insgesamt zwei Mal betrachtet. Zunächst einmal für den Aufbau des Hoeffding-Baums und anschließend ein zweites Mal um die Anonymität zu überprüfen und wenn notwendig den Ast abzuschneiden. Kommen neue Datensätze an, muss der Hoeffding-Baum aktualisiert werden. Dazu ist es notwendig, einige der bereits verarbeiteten Datensätze noch einmal zu betrachten. Wie in Abschnitt 2.4 beschrieben, soll das bei der Verarbeitung von Datenströmen eigentlich vermieden werden. Kotecha und Garg [11] führen jedoch an, dass durch das zusätzliche Betrachten der bereits verarbeiteten Datensätze Zeit und Speicherplatz eingespart werden kann, da so auf das Speichern von Statistiken, die für die k-Anonymität und die ℓ-Diversität benötigt werden, verzichtet werden kann.

Der DAHOT-Algorithmus verwendet eine leicht veränderte Definition des Prinzips der ℓ-Diversität. Dazu werden die Blätter des Hoeffding-Baums nicht mit der Klasse beschriftet, die am häufigsten in den Datensätzen des Blattes vorkommt, sondern mit den Häufigkeiten aller im Blatt vorkommenden Klassen. Das Prinzip der ℓ-Diversität gilt dann als erfüllt, wenn jedes Blatt mindestens ℓ Datensätze pro Klasse enthält [11].

3.2 Algorithmus

In diesem Abschnitt wird der DAHOT-Algorithmus von Kotecha und Garg [11], der in Algorithmus 1 dargestellt ist, erklärt. In Abschnitt 3.3 wird der Ablauf des Algorithmus anhand eines Beispiels erläutert. Die Eingabe des Algorithmus besteht aus dem Datenstrom D, der Anzahl an Datensätzen n_min, die notwendig ist, damit ein Knoten aufgeteilt wird, sowie den Parametern d für die Hoeffding-Schranke, k für die k-Anonymität und ℓ für die ℓ-Diversität.

Algorithmus 1. DAHOT [11]

```
Eingabe: D        (Datenstrom)
         n_min    (Mindestanzahl an Datensätzen)
         d        (Wahrscheinlichkeit Hoeffding-Schranke)
         k        (Parameter für k-Anonymität)
         l        (Parameter für l-Diversität)
Ausgabe: DAHOT-Baum
```

```
01 DAHOT := Baum bestehend aus einem einzigen Knoten

02 Für alle Trainings-Datensätze im Datenstrom D:

03     Sortiere den Datensatz bei dem passenden Blatt b
       des DAHOT-Baums ein

04     n[b] := n[b] + 1 (Anzahl Datensätze in Blatt b)

05     Wenn (n[b] mod n_min == 0) und (Datensätze im
       Blatt b gehören zu mehr als einer Klasse)

06         Berechne den Informationsgewinn I(a) für
           jedes Attribut a

07         a1 := Attribut mit höchstem Info.-gewinn

08         a2 := Attribut mit zweithöchstem
           Informationsgewinn

09         e := Hoeffding-Schranke nach Formel 5

10         Wenn I(a1) - I(a2) > e

11             Verwandle b in einen inneren Knoten, der
               nach Attribut a1 aufteilt

12             Für alle möglichen Attributwerte von a1

13                 Füge neues Blatt zu b hinzu und ordne
                   ihm die entsprechenden Datensätze zu

14

15     Wenn der DAHOT-Baum genutzt werden soll

16     Wenn DAHOT-Baum erstmalig genutzt wird

17         Berechne Anzahl Datensätze in jedem Blatt

18     sonst
```

```
19          Wenn aktualisierter DAHOT-Baum genutzt

20              Berechne die Anzahl der Datensätze in
                den Blättern, die durch die neu ange-
                kommenen Datensätze entstanden sind

21          Sortiere die Datensätze in die Blätter des
            DAHOT-Baums ein

22          T := Traversierungsreihenfolge(DAHOT)

23          Für alle Knoten v in T

24              Wenn v ein Blattknoten ist

25                  PrivacyTest(DAHOT, |D|, v, k, l)

26              sonst

27                  Wenn Kinder von v erfüllt sind

28                      Markiere v als erfüllt

29                  sonst

30                      Schneide die Kindknoten von v ab

31                      Die Datensätze der Kindknoten von
                        v wandern in das neue Blatt v

32                      PrivacyTest(DAHOT, |D|, v, k, l)
```

Zunächst wird die Baumstruktur *DAHOT* initialisiert, die zunächst nur aus dem Wurzelknoten besteht. Anschließend werden die ankommenden Trainings-Datensätze nacheinander verarbeitet. Ein Trainingsdatensatz ist ein Datensatz, bei dem die Klasse, zu der er gehört, bekannt ist. Der ankommende Datensatz wird gemäß dem vorhandenen DAHOT-Baum in das passende Blatt einsortiert und die Anzahl der Datensätze in diesem Blatt um 1 erhöht. Nun wird in Zeile 05 ermittelt, ob das Blatt gesplittet werden kann. Die Voraussetzung dafür ist, dass mindestens n_min Datensätze in dem Blatt vorhanden sind. Außerdem dürfen die Datensätze nicht alle zur gleichen Klasse gehören, da es dann keinen Sinn machen würde, das Blatt zu splitten.

Kann das Blatt gesplittet werden, wird zunächst in Zeile 06 der Informationsgewinn für jedes Attribut berechnet. Dazu kann die in Abschnitt 2.5 beschriebene Entropie oder der Gini-Index verwendet werden [11]. Ist die Differenz zwischen dem höchsten Informationsgewinn und zweithöchsten Informationsgewinn größer als die Hoeffding-Schranke, wird das Blatt gesplittet. Dazu wird in Zeile 11 das Blatt anhand des Attributs mit dem höchsten Informationsgewinn aufgesplittet und dabei in einen inneren Knoten umgewandelt. Dem inneren Knoten wird für jeden möglichen Attributwert ein Blatt hinzugefügt. Anschließend werden die Datensätze, die sich noch im inneren Knoten befinden, den jeweiligen neu erstellten Blättern hinzugefügt.

Wenn der so erstellte Hoeffding-Baum das erste Mal genutzt werden soll, muss der gesamte Baum noch einmal betrachtet werden, um die Anzahl der Datensätze in den Blättern zu zählen (Zeile 16 und 17). Die Nutzung des Werts der Variable $n[b]$ aus

Zeile 04 ist nicht möglich, da das entsprechende Blatt inzwischen gesplittet und die Datensätze auf die Kindknoten aufgeteilt worden sein könnten. Sind seit der letzten Nutzung des Hoeffding-Baums neue Datensätze angekommen, müssen diese Datensätze ebenfalls berücksichtigt werden. Wurde durch die neu angekommenen Datensätze ein Blatt aufgesplittet, muss die Anzahl der Datensätze in den neu entstandenen Kindknoten ermittelt werden.

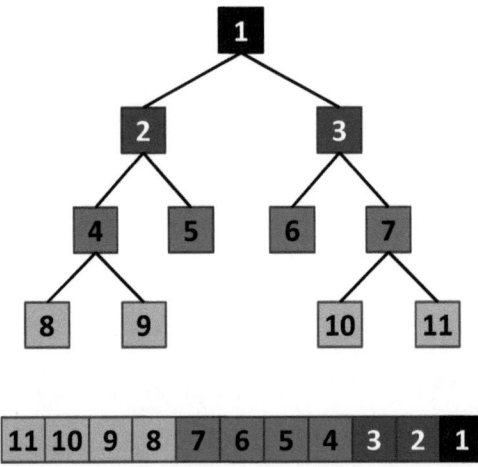

Abbildung 4. Beispiel eines DAHOT-Baums (oben) und der zugehörigen Traversierungsreihenfolge (unten) [11]

Um die Anonymität sicherzustellen, werden die Knoten des DAHOT-Baums in Zeile 22 in eine bestimmte Reihenfolge gebracht. Zunächst werden die Knoten, wie in Abbildung 4 zu sehen, auf der untersten Ebene des Baums von rechts nach links durchlaufen. Anschließend folgen nacheinander die darüber liegenden Ebenen, ebenfalls von rechts nach links. Durch diese Traversierungsreihenfolge ist sichergestellt, dass jeder Knoten erst dann besucht wird, wenn bereits seine Kindknoten besucht wurden.

Anschließend werden die Knoten in der Traversierungsreihenfolge durchlaufen. Handelt es sich bei dem Knoten um einen Blattknoten, wird mit Algorithmus 2 geprüft, ob dieser die Privacy-Anforderungen erfüllt (Zeile 24 und 25). Handelt es sich um einen inneren Knoten, gilt die Privacy als erfüllt, wenn die Privacy aller Kinder erfüllt ist. Ist die Privacy eines inneren Knoten nicht erfüllt, werden alle Kindknoten des inneren Knotens abgeschnitten (Zeile 30). Dabei werden auch die Kindknoten abgeschnitten, die die Privacy-Anforderungen erfüllen. Die Datensätze, die in den abgeschnittenen Kindern gespeichert sind, werden in den ehemaligen Elternknoten verschoben. Da es sich bei dem vormals inneren Knoten jetzt um ein Blatt handelt, muss die Privacy des Blatts mit Algorithmus 2 geprüft werden.

Algorithmus 2 überprüft die k-Anonymität und die ℓ-Diversität des Blattknotens. Der Parameter k beschreibt den Anteil der Datensätze, die sich in jedem Blattknoten befinden müssen. Der Parameter ℓ legt fest, wie viele Datensätze für jede Klasse bezogen auf die Anzahl der Datensätze im Blattknoten vorhanden sein müssen. Die beiden Parameter k und ℓ haben einen Wertebereich von [0, 1). In Zeile 03 wird die Anzahl der bisher betrachteten Datensätze berechnet, die notwendig ist, um die k-Anonymität zu gewährleisten. Dazu wird der Parameter für die k-Anonymität mit der

Tabelle 5. Ausschnitt der Patientendatenbank eines Krankenhauses. Die letzte Spalte (Krankheit) enthält die Klasse, der der Datensatz zugeordnet ist

Nr.	Geburtsdatum	Geschlecht	PLZ	Familienstand	Krankheit
1	03.07.1967	männlich	02170	Geschieden	Grippe
2	09.03.1971	weiblich	02108	Geschieden	Herzinfarkt
3	31.06.1969	männlich	02108	Verheiratet	Herzinfarkt
4	14.12.1952	männlich	02108	Verheiratet	Herzinfarkt
5	29.06.1994	männlich	02108	Verheiratet	Grippe
6	08.08.1979	männlich	02108	Geschieden '	Grippe
7	11.05.1990	weiblich	02170	Verheiratet	Grippe
8	20.11.1994	männlich	02108	Verheiratet	?

Anzahl der bisher betrachteten Datensätze multipliziert. In Zeile 04 wird berechnet, wie viele Datensätze pro Klasse notwendig sind, um die ℓ-Diversität sicherzustellen. Hierfür wird der Parameter für ℓ-Diversität mit der Anzahl der Datensätze im Blattknoten multipliziert. Anschließend wird in Zeile 05 geprüft, ob im Blattknoten insgesamt genügend Datensätze vorhanden sind und ob es zu jeder Klasse so viele Datensätze gibt, dass die ℓ-Diversität gewährleistet ist. Wenn dies der Fall ist, wird der Blattknoten als erfüllt markiert.

Algorithmus 2. Test der Privacy eines Blattknotens [11]

```
Eingabe: DAHOT (DAHOT-Baum)
         N      (Anzahl bisher betrachteter Datensätze)
         v      (Knoten, dessen Privacy getestet wird)
         k      (Parameter für k-Anonymität)
         l      (Parameter für l-Diversität)

Ausgabe: Auf Anonymität geprüfter Knoten v


01 n  := Anzahl der Datensätze im Knoten v

02 n[c] := Anzahl Datensätze von v, mit Klasse c

03 nk := k * N
```

```
04 nl := l * n

05 Wenn n >= nk und n[c] >= nl für jede Klasse c

06     Markiere Knoten v als erfüllt
```

3.3 Beispiel

Tabelle 5 zeigt einen weiteren Ausschnitt der bereits in Abschnitt 2.1 und 2.2 verwendeten Patientendatenbank. Anhand dieses Beispiels soll die Funktionsweise des

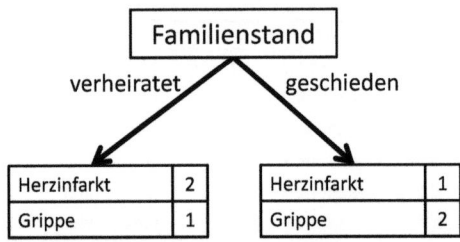

Abbildung 5. DAHOT-Baum nach Ankunft der Datensätze 1 bis 6. Die Tabellen in den Blättern geben an, wie viele Datensätze der Klasse *Herzinfarkt* und wie viele der Klasse *Grippe* zugeordnet wurden

DAHOT-Algorithmus mit den Parameterwerten $n\_min = 4$, $d = 0{,}05$, $k = 0{,}4$ und $\ell = 0{,}3$ demonstriert werden. Die Datensätze 1 bis 6 sind bereits angekommen und wurden zum Aufbau des DAHOT-Baums in Abbildung 5 genutzt. Die Tabellen in den Blättern geben an, wie viele Datensätze der Klasse *Herzinfarkt* und wie viele der Klasse *Grippe* zugeordnet wurden.

In diesem Beispiel kommt Datensatz 7 gerade an und wird durch den DAHOT-Algorithmus verarbeitet. Da es sich um eine verheiratete Person handelt, wird der Datensatz in das linke Blatt einsortiert. In diesem Blatt befinden sich somit jetzt 4 Datensätze. Da sich mit 4 Datensätzen jetzt genügend Datensätze in dem Blatt befinden und die Datensätze nicht alle zu der gleichen Klasse gehören, wird das Blatt aufgesplittet. Dazu wird zunächst wie in Abschnitt 2.5 beschrieben der Informationsgewinn für jedes Attribut berechnet. Für das Attribut *Geburtsdatum* ergibt sich ein Informationsgewinn von 1,000, für *Geschlecht* und *Postleitzahl* jeweils 0,311 und für *Familienstand* 0,000.

Die Differenz zwischen dem höchsten und dem zweithöchsten Informationsgewinn beträgt

$$1{,}000 - 0{,}311 = 0{,}689 . \tag{9}$$

Der zulässige Fehler für die Hoeffding-Schranke beträgt

$$e = \sqrt{\frac{W^2 \, ln(\frac{1}{d})}{2\,n}} = \sqrt{\frac{1^2 \, ln(\frac{1}{0,05})}{2\times7}} = 0,463 \, . \qquad (10)$$

Da die Differenz größer ist, wie der zulässige Fehler, wird das Blatt anhand des Attributs *Geburtsdatum* aufgesplittet. Dazu wird das bisherige Blatt in einen inneren Knoten umgewandelt und erhält zwei neue Blattknoten als Kinder. Die Datensätze in dem inneren Knoten werden in die beiden Blätter verschoben. Abbildung 6 zeigt den DAHOT-Baum nach der Ankunft des 7. Datensatzes.

Jetzt soll der DAHOT-Baum verwendet werden, um Datensatz 8 aus Tabelle 5 zu klassifizieren. Es wird angenommen, dass der DAHOT-Baum schon zu einem früheren Zeitpunkt genutzt wurde. Deshalb muss die Anzahl der Datensätze nur in den seitdem neu erstellten Blättern neu berechnet werden. Anschließend werden die Kno-

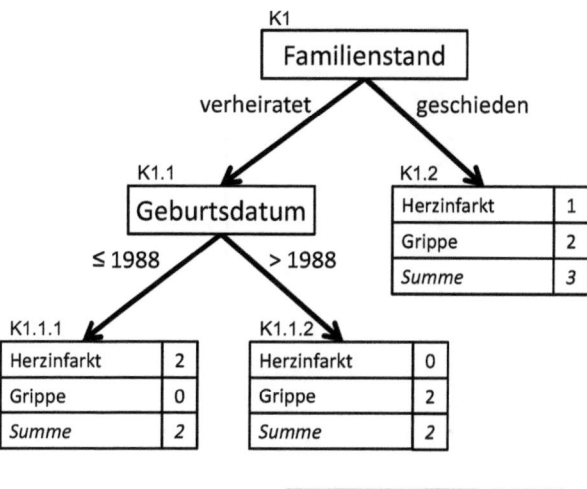

Abbildung 6. DAHOT-Baum nach Ankunft des 7. Datensatzes. Die Tabellen in den Blättern geben an, wie viele Datensätze der Klasse *Herzinfarkt* und wie viele der Klasse *Grippe* zugeordnet wurden. Unten ist die Traversierungsreihenfolge der Knoten zu sehen.

ten des DAHOT-Baums in der vorhin beschriebenen und in Abbildung 6 gezeigten Traversierungsreihenfolge durchlaufen.

Für jeden Knoten wird geprüft, ob die k-Anonymität und die ℓ-Diversität gewährleistet sind. Da bisher 7 Datensätze betrachtet wurden, muss jedes Blatt mindestens

$$nk = k \times N = 0,4 \times 7 = 2,8 \qquad (11)$$

Datensätze enthalten. Blatt K1.1.2 enthält nur 2 Datensätze und verletzt daher die k-Anonymität. Das gleiche gilt für Blatt K1.1.1. Blatt K1.2 enthält 3 Datensätze und gewährleistet daher die k-Anonymität. Um auch die ℓ-Diversität sicherzustellen, müssen in K1.2 für jede Klasse mindestens

$$nl = \ell \times n = 0.3 \times 3 = 0.9 \tag{12}$$

Datensätze vorhanden sein. Da es in Blatt K1.2 1 Datensatz für die Klasse *Herzinfarkt* und 2 Datensätze für die Klasse *Grippe* gibt, ist auch die ℓ-Diversität sichergestellt. Damit der Knoten K1.1 die Privacy gewährleistet, müssen alle seine Kindknoten die Privacy gewährleisten. Da K1.1.1 und K1.1.2 beide die Privacy-Anforderungen verletzen, verletzt sie auch K1.1. Deshalb werden die beiden Kindknoten abgeschnitten und die Datensätze in K1.1 verschoben. Anschließend wird die Privacy von K1.1 geprüft. Die k-Anonymität ist gewährleistet, da K1.1 jetzt 4 Datensätze enthält. Damit K1.1 auch die ℓ-Diversität sicherstellt, müssen in K1.1 für jede Klasse mindestens

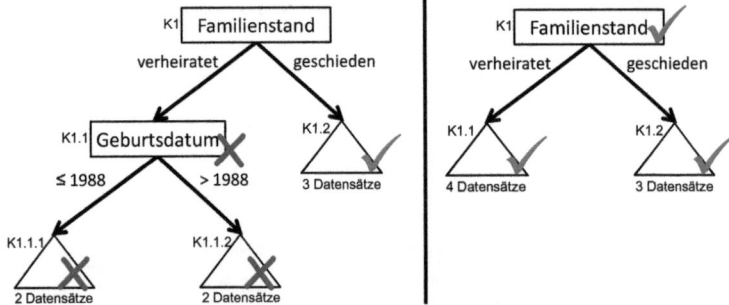

Abbildung 7. Ergebnisse der Privacy-Tests vor (links) und nach (rechts) dem Abschneiden der Kindknoten von K1.1

$$nl = \ell \times n = 0.3 \times 4 = 1.2 \tag{13}$$

Datensätze auftreten. Da dies der Fall ist, besteht K1.1 den Privacy-Test. Zum Schluss muss noch die Privacy des Wurzelknotens K1 überprüft werden. Da beide Kindknoten von K1 die Privacy-Anforderungen erfüllen, ist die Privacy auch für K1 sichergestellt. Abbildung 7 zeigt die Ergebnisse der Privacy-Tests vor und nach dem Abschneiden der Kindknoten von K1.1. Der rechte Baum in Abbildung 7 ist der DAHOT-Baum, der zur Klassifizierung von Datensatz 8 aus Tabelle 5 verwendet wird.

3.4 Evaluation

Um die Effektivität des DAHOT-Algorithmus zu zeigen, haben Kotecha und Garg Experimente mit vier verschiedenen Datenströmen durchgeführt [11]. Dabei wurde die Genauigkeit der Vorhersage des DAHOT-Algorithmus mit der SDTP-Methode, der ESDT-Technik und dem klassischen Hoeffding-Baum ohne Anonymisierung verglichen.
SDTP steht für *Sanitized Decision Tree Classifier on Partial Data Stream*. Bei diesem Ansatz wird nur ein Teil des Datenstroms verwendet, um den Entscheidungsbaum

aufzubauen. Anschließend werden die Äste des Baumes abgeschnitten, die die k-Anonymität oder die ℓ-Diversität verletzen [11].
ESDT steht für *Ensemble of Sanitized Decision Tree Classifiers*. Bei dieser Technik werden mehrere Entscheidungsbäume aufgebaut und zu einem Ensemble kombiniert. Dabei wird immer, wenn eine vorher festgelegte Anzahl an Datensätzen angekommen ist, ein Entscheidungsbaum aufgebaut. Anschließend werden die Äste, die die Anonymität verletzen, abgeschnitten und der Baum zu dem Ensemble hinzugefügt. Zur Klassifikation eines neuen Datensatzes werden alle Entscheidungsbäume des Ensembles genutzt [11].

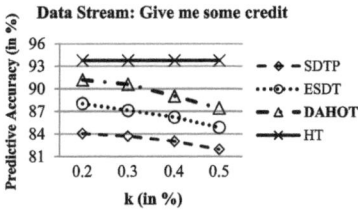 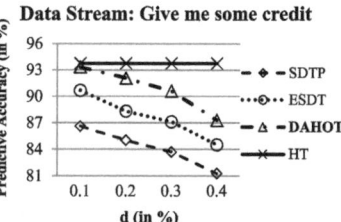

Abbildung 8. Vorhersagegenauigkeit von SDTP, ESDT, DAHOT-Algorithmus und klassischem Hoeffding-Baum für den Datenstrom *Give me some credit*. Das linke Diagramm zeigt die Vorhersagegenauigkeit für verschiedene Werte für k bei ℓ=0,3%. Das rechte Diagramm zeigt die Vorhersagegenauigkeit für verschiedene Werte für ℓ bei k=0,3% [11]. Der Parameter für die ℓ-Diversität wird in dieser Abbildung mit d bezeichnet

Abbildung 8 zeigt die Vorhersagegenauigkeit von SDTP, ESDT, DAHOT-Algorithmus und klassischem Hoeffding-Baum für den Datenstrom *Give me some credit* in Abhängigkeit von der Wahl des Parameters für die k-Anonymität und des Parameters für die ℓ-Diversität. Der klassische Hoeffding-Baum liefert unabhängig von k und ℓ das beste Ergebnis. Das ist dadurch zu erklären, dass der klassische Hoeffding-Baum weder die k-Anonymität, noch die ℓ-Diversität berücksichtigt. Deshalb ist es nicht notwendig, Äste des Baumes abzuschneiden und so das Ergebnis zu verschlechtern. Für die anderen drei Ansätze sinkt die Vorhersagegenauigkeit mit steigendem k und mit steigendem ℓ, da in diesem Fall mehr Äste abgeschnitten werden müssen. Für alle dargestellten Werte für k und ℓ ist der DAHOT-Algorithmus besser als SDTP und ESDT.

3.5 Grenzen

Der DAHOT-Algorithmus liefert zwar eine höhere Vorhersagegenauigkeit wie vergleichbare Algorithmen, hat allerdings auch einige Grenzen. Zum einen wird angenommen, dass die Klassenzugehörigkeit des Datensatzes das einzige sensible Attribut ist [11]. Es ist jedoch auch möglich, dass andere Attribute persönliche Informationen enthalten, die nicht veröffentlicht werden sollen. Ein Beispiel dafür wäre der Kontostand eines Bankkunden. Dieser hat zwar Einfluss darauf, ob die Bank den Kunden als kreditwürdig einstuft, ist jedoch nicht die Klasse, der der Kundendatensatz zugeordnet wird.

Außerdem passt sich der DAHOT-Algorithmus nicht an den Concept Drift an [11]. Darunter versteht man eine Änderung des Prozesses, der die Daten erzeugt. Da sich dadurch auch die Daten ändern, muss das gelernte Modell angepasst werden. Dabei darf nicht nur Wissen hinzugefügt werden. Es muss auch überprüft werden, ob das bestehende Wissen weiterhin gültig ist [16].

Dazu kommt, dass der DAHOT-Algorithmus die Daten des Datenstroms teilweise mehrfach betrachtet, was den in Abschnitt 2.4 genannten Anforderungen an Klassifikationsverfahren zur Verarbeitung von Datenströmen widerspricht. Darüber hinaus muss der gesamte Entscheidungsbaum mit allen bereits betrachteten Datensätzen im Hauptspeicher gespeichert werden. Dies ist notwendig, da beim Aufsplitten eines Blattes das Attribut mit dem höchsten Informationsgewinn ermittelt wird und dafür alle Datensätze mit allen Attributen verfügbar sein müssen. Auch das widerspricht den in Abschnitt 2.4 genannten Anforderungen.

4 Zusammenfassung und Ausblick

Um ein Klassifikationsmodell zu erstellen, das beispielsweise das Risiko eines Patienten für eine bestimmte Krankheit voraussagt, ist es notwendig die Daten anderer Patienten zu verarbeiten. Dabei darf jedoch die Privacy der Patienten durch das Klassifikationsergebnis nicht gefährdet werden. Der DAHOT-Algorithmus ist eine Kombination von Hoeffding-Baum, k-Anonymität und ℓ-Diversität und dient der Klassifikation von Datenströmen. Dabei wird die Privacy der Personen, deren Daten verarbeitet werden, im Klassifikationsergebnis gewährleistet.

Ein Hoeffding-Baum ist ein Entscheidungsbaum, der auf Datenströmen arbeitet. Im Gegensatz zu Entscheidungsbäumen, die mit Daten aus einer Datenbank arbeiten, muss hier entschieden werden, wann genug Datensätze in einem Blatt vorhanden sind, um das Blatt aufzusplitten. Dazu nutzt der Hoeffding-Baum die Hoeffding-Schranke. Die Hoeffding-Schranke stellt sicher, dass das Attribut, nach dem der Knoten aufgesplittet wird, mit hoher Wahrscheinlichkeit das optimale Split-Attribut ist.

Die k-Anonymität gewährleistet, dass es zu jedem Datensatz mindestens (k-1) andere Datensätze mit den gleichen Quasi-Identifikatoren gibt. Bei einem Hoeffding-Baum ist dies dann der Fall, wenn sich in jedem Blatt mindestens k Datensätze befinden. Die ℓ-Diversität adressiert die Schwächen der k-Anonymität. Dazu wird gefordert, dass in jedem Blatt eine gewisse Mindestanzahl an Klassen repräsentiert sein muss.

Der DAHOT-Algorithmus nutzt die ankommenden Daten als Trainingsdaten zum Aufbau des Hoeffding-Baums. Sobald der aufgebaute Hoeffding-Baum zur Klassifikation genutzt werden soll, wird die Anonymisierung durchgeführt. Dazu wird für jeden Blattknoten geprüft, ob er die k-Anonymität und die ℓ-Diversität erfüllt. Ist dies nicht der Fall, wird der Blattknoten abgeschnitten und die Datensätze in den Elternknoten verschoben.

Die experimentellen Ergebnisse von Kotecha und Garg zeigen, dass der DAHOT-Algorithmus die Daten zwar weniger genau wie der klassische Hoeffding-Baum klassifiziert, jedoch besser wie vergleichbare Algorithmen. Ersteres ist jedoch erwartbar, da zur Sicherstellung der Anonymität Zweige abgeschnitten werden müssen. Da der

DAHOT-Algorithmus erst 2017 vorgeschlagen wurde und daher noch relativ neu ist, gibt es derzeit noch keine Anwendung des Algorithmus in der Praxis. Die Tatsache, dass der gesamte Entscheidungsbaum mit allen bereits angekommenen Datensätzen im Hauptspeicher gespeichert werden muss, steht der Anwendung des Algorithmus in der Praxis vor allem bei der Verarbeitung großer Datenströme im Weg.

In Zukunft könnte der DAHOT-Algorithmus so erweitert werden, dass er nicht nur einen, sondern mehrere Datenströme verarbeiten kann. Außerdem wäre es wünschenswert, wenn mehr als ein sensibles Attribut definiert werden könnte. Weitere Arbeiten könnten sich mit der Anpassung an den Concept Drift und der Verwendung anderer Privacy-Modelle beschäftigen.

Literatur

1. Aldeen, Y., Salleh, M., Razzaque, M. A. (2015). A comprehensive review on privacy preserving data mining. SpringerPlus 4(1), 694.
2. Babcock, B., Babu, S., Datar, M., Motwani, R., Widom, J. (2002). Models and issues in data stream systems. In: Proceedings of the twenty-first ACM SIGMOD-SIGACT-SIGART symposium on Principles of database system, 1-16.
3. Baesens, B., Van Gestel, T., Viaene, S., Stepanova, M., Suykens, J., Vanthienen, J. (2003). Benchmarking state-of-the-art classification algorithms for credit scoring. In: Journal of the operational research society, 54(6), 627-635.
4. Datenschutzgrundverordnung. Erwägungsgrund 26 Satz 5 und 6.
5. Domingos, P., Hulten, G. (2000). Mining high-speed data streams. In: Proceedings of the Sixth ACM SIGKDD International Conference on Knowledge Discovery and Data Mining, 71-80.
6. Domingos, P., Hulten, G. (2003). A general framework for mining massive data streams. In: Journal of Computational and Graphical Statistics, 12(4), 945-949.
7. Grunwald, A. (2015). Technology assessment. In: Encyclopedia of Information Science and Technology (3. Auflage). Hershey: IGI Global.
8. Hoeffding, W. (1963). Probability Inequalities for sums of Bounded Random Variables. In: The Collected Works of Wassily Hoeffding, 409-426. New York: Springer-Verlag.
9. International Organization for Standardization (2000). ISO/IEC JTC1/SC32 WG4 SQL/MM Part 6 WD.
10. Kenig, B., Tassa, T. (2012). A practical approximation algorithm for optimal k-anonymity. In: Data Mining and Knowledge Discovery 25(1), 134-168.
11. Kotecha, R., Garg, S. (2017). Preserving output-privacy in data stream classification. In: Progress in Artificial Intelligence 6(2), 87-104.
12. Machanavajjhala, A., Gehrke, J., Kifer, D., Venkitasubramaniam, M. (2007). L-diversity: Privacy Beyond K-anonymity. In: ACM Transactions on Knowledge Discovery from Data 1(1).
13. Masethe, H. D., Masethe, M. A. (2014). Prediction of heart disease using classification algorithms. In: Proceedings of the world congress on Engineering and Computer Science 2, 22-24.
14. Max-Planck-Gesellschaft (2018). Der Daten-Schutzmantel. Verfügbar unter https://www.mpg.de/8381494/schutzmantel (zuletzt abgerufen am 02.06.2018).
15. Meyerson, A., Williams, R. (2004). Meyerson, Adam, and Ryan Williams. On the complexity of optimal k-anonymity. In: Proceedings of the twenty-third ACM SIGMOD-SIGACT-SIGART symposium on Principles of database systems, 223-228.

16. Rokach, L., Maimon, O. (2015). Data Mining with Decision Trees. Theory and Applications (2. Auflage). New Jersey, London, Singapur u.a.: World Scientific.
17. Samarati, P., Sweeney, L. (1998). Protecting Privacy when Disclosing Information: k-Anonymity and Its Enforcement through Generalization and Suppression. Technischer Bericht, SRI International, Menlo Park.
18. Shannon, C. E. (2001). A mathematical theory of communication. In: ACM SIGMOBILE Mobile Computing and Communications Review 5(1), 3-55.
19. Sweeney, L. (2000).: Simple Demographics Often Identify People Uniquely. Carnegie Mellon University, Pittsburgh.
20. Witten, I. H., Frank, E., Hall, M. A., Pal, C. J. (2016). Data Mining: Practical machine learning tools and techniques. Amsterdam, Boston, Heidelberg u.a: Morgan Kaufmann.